AF358420

Vente du Samedi 9 Février 1884

HOTEL DROUOT, SALLE N° 3

BEAUX BIJOUX

ORFÈVRERIE

EXPOSITION PUBLIQUE

LE VENDREDI 8 FÉVRIER 1884

de 1 heure à 5 heures

COMMISSAIRE-PRISEUR	EXPERT
Mᵉ PAUL CHEVALLIER	**M. CHARLES MANNHEIM**
10, rue de la Grange-Batelière	7, rue Saint-Georges

IMPRIMERIE PILLET ET DUMOULIN

RUE DES GRANDS-AUGUSTINS, 5, A PARIS.

CATALOGUE

DE

BEAUX BIJOUX

ENRICHIS DE

DIAMANTS, PERLES FINES & PIERRES DE COULEUR

Broches, Bracelets, Pendants d'oreilles

Bagues, Collier, Châtelaines, Montres, etc., etc.

ORFÈVRERIE ANCIENNE ET MODERNE

OBJETS VARIÉS

DONT LA VENTE AURA LIEU

HOTEL DROUOT, SALLE N° 3,

Le Samedi 9 Février 1884,

À deux heures.

COMMISSAIRE-PRISEUR	EXPERT
M⁰ PAUL CHEVALLIER	M. CHARLES MANNHEIM
10, rue de la Grange-Batelière.	7, rue Saint-Georges.

Chez lesquels se trouve le présent Catalogue.

EXPOSITION PUBLIQUE

Le Vendredi 8 Février 1884, de 1 heure à 5 heures.

CONDITIONS DE LA VENTE

La vente sera faite au comptant.

Les acquéreurs payeront *cinq pour cent* en sus des enchères applicables aux frais.

L'exposition mettant le public à même de se rendre compte de l'état des objets, il ne sera admis aucune réclamation une fois l'adjudication prononcée.

Paris. — Typ. PILLET et DUMOULIN, 5, rue des Grands-Augustins.

DÉSIGNATION DES OBJETS

BROCHES

1 — Belle broche formée d'une barette formée de six brillants et d'une rosace centrale avec brillant entouré de six autres brillants.

2 — Broche formée d'une pensée exécutée en diamants et perles fines.

3 — Broche formée d'une tête de cheval en or, pavée de diamants et avec bride ornée de rubis.

4 — Broche formée d'un croissant exécuté en diamants et rubis.

5 — Pendant de col formé d'une fleur suspendue à un ruban, le tout exécuté en brillants et en roses.

6 — Jolie broche formée d'un ancre exécuté en diamants et perles fines.

7 — Broche en forme d'écran japonais en or émaillé et incrusté de pierreries décoré d'un oiseau et de fleurs.

BRACELETS

8 — Beau bracelet formé d'un rang de brillants avec rosace au centre composée d'un brillant entouré de petits brillants.

9 — Bracelet composé de deux rangs de saphirs et de brillants alternés avec monture en or.

10 — Bracelet orné d'un fort et beau brillant avec monture en or uni.

11 — Bracelet orné d'un saphir entouré de diamants et monture en or enrichie d'un rang de diamants.

12 — Bracelet en or enrichi d'un rang de brillants et d'une rosace centrale ornée d'un cabochon imitant la turquoise entouré d'un rang de brillants.

13 — Bracelet en or avec bandeau orné de diamants et trèfle exécuté en diamants et orné de trois perles noires.

14 — Bracelet serpent en or, dont la tête est enrichie
de deux brillants et dont les yeux sont formés de
petits rubis.

PENDANTS D'OREILLES

15 — Deux beaux pendants d'oreilles formés chacun
d'un œil de chat entouré d'un rang de brillants.

16 — Deux pendants d'oreilles composés chacun d'une
belle perle entourée d'un rang de brillants.

17 — Deux autres jolis pendants d'oreilles composés
chacun d'un cabochon imitant la turquoise entouré d'un rang de brillants.

18 — Deux pendants d'oreilles composés chacun d'un
saphir entouré d'un rang de brillants.

19 — Deux beaux boutons d'oreilles formés chacun
d'un brillant solitaire.

20 — Deux boutons d'oreilles ornés chacun d'une
perle fine et d'un petit diamant.

BAGUES

21 — Bague d'or avec chaton carré orné d'un saphir entouré d'un rang de brillants.

22 — Bague d'or avec chaton formé d'un saphir entouré d'un rang de brillants.

23 — Bague d'or enrichie d'une belle perle placée entre deux brillants.

24 — Bague formée d'un double anneau, l'un orné d'une perle blanche entre deux petits brillants, l'autre d'une perle grise également placée entre deux brillants.

BIJOUX DIVERS

25 — Collier composé de quatre rangs de petites perles fines, avec fermoir formé d'une perle entourée de brillants.

26 — Crochet de ceinture avec montre en or émaillé bleu et incrusté de rosaces exécutées en diamants.

27 — Petit crochet ou chatelaine en or découpé à rinceaux.

28 — Miroir de poche en or de forme ovale.

29 — Face à main en or avec chaîne gourmette.

30 — Deux flacons en cristal montés en or, l'un d'eux avec bouchon se terminant par un cabochon de lapis lazuli.

31 — Flacon en cristal couvert d'ornements rocaille, d'oiseaux et de figures d'amours en or repoussé.

32 — Montre en or de couleur ciselé incrusté de turquoises.

32 *bis* — Épingle double avec chaînette orné de perles.

33 — Bonbonnière en argent gravé et doré, ornée d'une peinture sur émail.

34 — Jolie coupe ronde reposant sur trois petites boules et à deux anses plates en S en argent doré, décorée d'émaux saillants à fleurs, ornements et rosace. Travail russe.

35 — Épingle de cravate formée d'une fleur exécutée en diamants.

ORFÈVRERIE

36 — Quatre jolies salières du temps de Louis XVI en argent ciselé à têtes et pieds de lion reliés par des guirlandes de feuillages.

37 — Porte-huilier du temps de Louis XVI en argent repoussé et estampé. Le bord est orné de perles.

38 — Coupe ronde à deux anses et sur piédouche en filigrane d'argent.

39 — Cafetière de style Louis XV en argent repoussé à côtes en spirale et à ornements rocaille reposant sur trois pieds à volutes.

40 — Petite coupe ronde sur piédouche en argent repoussé à rinceaux, fleurs et ornements.

41 — Ecuelle ronde à deux anses avec plateau et couvercle en argent à bords godronnés.

42 — Sucrier oblong à deux anses en argent repoussé à godrons et ornements rapportés.

43 — Moutardier de style Louis XVI en argent repoussé à ornements.

44 — Petite saucière en argent repoussé à ornements et fleurs reposant sur quatre pieds bas. Travail anglais.

45 — Deux plats ovales en argent repoussé à ornements et oiseaux. .

46 — Plat rond en argent avec feuilles au bord.

47 — Autre plat rond en argent avec feuilles repoussées au bord.

48 — Petit plateau rond en argent à feuilles gravées au marli et tore de laurier au bord.

49 — Petit pot à crème en argent repoussé à ornements rocaille et reposant sur trois pieds bas.

50 — Chauffe-fer formé d'une boîte oblongue en argent guilloché.

51 — Six couverts en argent à filets.

52 — Petit modèle de lustre flamand en argent.

53 — Petit modèle de lampe de suspension en argent.

54 — Joli rond de serviette en argent gravé et à tores de laurier.

55 — Bracelet formé d'une chaîne en argent avec deux porte-mine, l'un d'eux en forme de porc et l'autre en forme de bouteille.

56 — Corbeille ovale en argent découpé, gravé à rosaces et enrichie de festons de lauriers, de têtes de béliers et de médaillons rapportés en relief.

57 — Corbeille à pain en argent estampé à fleurs et ornements.

58 — Cafetière en argent à panse godronnée.

59 — Six dessous de carafe en argent à bords contournés.

60 — Petit moulin à poivre ayant la forme d'un moulin à café en argent guilloché.

61 — Petite cafetière en argent uni à manche d'ivoire.

62 — Petite cafetière de forme orientale en argent uni.

63 — Petite bouillote en argent uni.

64 — Sonnette à main en argent gravé surmontée d'une figurine de femme debout.

65 — Petite coupe ronde et profonde avec pot à crème en argent repoussé à côtes et ornements et dorée à l'intérieur.

66 — Plateau rond à contours en argent gravé à fleurs et ornements et bords ciselés à feuilles et ornements.

67 — Tasse et soucoupe en argent guilloché.

68 — Service à thé composé d'une théière, d'un sucrier et d'un pot à crème, avec plateau en

faïence décoré de fleurs et d'oiseaux garni d'une galerie à jour.

69 — Service à thé en argent niellé et doré en partie à médaillons, vues de Moscou, travail russe. Il se compose d'une théière, une cafetière, un sucrier, un pot à crème et six petites cuillers.

70 — Deux tasses droites à une anse en argent gravé et doré en partie. Travail russe.

71 — Grande cuiller en argent doré finement niellé à fleurs. Travail russe.

72 — Douze fourchettes à huîtres en argent.

73 — Petit vase à panse formée d'une noix de coco sculptée et garni d'une monture à anse en argent niellé. Travail russe.

OBJETS VARIÉS

74 — Coupe ronde sur piédouche en émail cloisonné à fleurs en grisaille et garnie en bronze oxydé à deux anses. Travail français.

75 — Miroir ovale de même travail, avec support orné de deux figurines d'enfants en bronze oxidé.

76 — Deux petits cornets de style chinois, à deux anses en bronze doré.

77 — Deux petits vases en forme de balustre, en émail cloisonné de la Chine, à fleurs bleu turquoise et montés sur des socles en bronze doré.

78 — Petit vase ovoïde en émail cloisonné, de travail français, monté en bronze doré.

79 — Deux figurines d'enfants, en bronze ; jeune fille au nid et jeune garçon poursuivis par un chien.

80 — Écritoire de style italien en cuivre poli.

81 — Statuette en bronze : la nourrice, d'après Bernard de Palissy.

82 — Encrier en émail cloisonné à fond bleu, de travail français, sur plateau oblong.

83 — Veilleuse en bronze supportée par une figurine accroupie.

84 — Verre d'eau composé de quatre pièces portant les lettres V et L, gravées et dorées, reposant sur un plateau laqué.

85 — Grand et bel album in-folio pour photographies, avec reliure en marqueterie de bois à paysage, oiseau et figure.

86 — Album in-quarto, [de même travail, décoré de fleurs et d'un nid d'oiseaux.

www.ingramcontent.com/pod-product-compliance
Lightning Source LLC
LaVergne TN
LVHW050540190726
843502LV00008BB/3200